Croc'
Odile

Croc' Odile

Sophie Mouillot

Jeunesse

PGCOM Éditions

Croc'Odile
© PGCOM Editions 2016
Tous droits réservés
http://www.pgcomeditions.com/
ISBN : 978-2-917822-45-6

La loi du 11 mars 1957 n'autorisant aux termes des alinéas 2 et 3 de l'article 41, d'une part, que les « copies ou reproductions strictement réservées à l'usage privé du copiste et non destinées à une utilisation collective » et, d'autre part, que les analyses et courtes citations dans un but d'exemple et d'illustration, « toute représentation ou reproduction intégrale, ou partielle, faite sans le consentement de l'auteur ou de ses ayants droits ou ayants cause, est illicite »(alinéa 1er de l'article 40).

Cette représentation ou reproduction, par quelque procédé que ce soit, constituerait donc une contrefaçon sanctionnée par les articles 425 et suivants du Code pénal.

A mes enfants, Émilie et Jérémy

A ma nièce Margaux

INTRODUCTION :

« Il était une fois… » Il me semble reconnaître ce début de phrase, pas vous ? Oh oui, vous savez, c'est celui que l'on a l'habitude de lire dans les livres de contes et légendes… Je me suis toujours demandé pourquoi les conteurs commençaient toujours leurs histoires ainsi… Vous allez me dire que je copie, sans gêne, les répliques de Laurence TNAHPELE… Laurence TNAHPELE ? C'est une camarade de mon école, qui, l'année dernière, a gagné le concours de l'école, avec ses histoires sur les éléphants. Dommage que nos routes se soient juste croisées, car je suis persuadée que l'on aurait été les meilleures amies du monde. Laurence TNAHPELE est partie avec sa famille au Kenya, suite à une promotion de son papa. Au moins, je sais que là-bas, elle est auprès de ses pachydermes… Et bien qu'elle ne soit plus dans mon école, je suis contente et fière, car elle et moi, nous avons deux points communs… Je suis cette année dans la classe de Mlle Sophie (l'ancienne maîtresse de Laurence) et j'ai aussi une passion peu commune… Moi, ce ne sont pas les éléphants qui m'ont attirée dès que j'étais toute petite… Vous ne devinez pas… Que je vous donne un indice… Si vous épelez mon nom à l'envers, vous trouverez…

ELIDOCORC = CROCODILE

Superbe, non ? Comme quoi, le destin nous ouvre des portes… Avec un nom de famille pareil, autant vous dire que ma destinée était déjà toute tracée… Et pas qu'au scrabble !!! Ben oui, avec un nom comme le mien, autant dire que le mot compte triple et je cartonne illico au niveau des points, créant la jalousie chez certains élèves de mon école… Donc, c'est vrai que je suis très fière de reprendre le flambeau des « passionnées ». Laurence et moi, nous sommes pareilles finalement. Sauf que j'ai toujours eu l'âme d'un crocodile… Mes parents me surveillaient constamment, lorsque j'étais petite. Il parait que je rampais pour me déplacer et que je mettais tout à la bouche, comme un crocodile... Enfin, ce sont mes parents qui le disent... Moi, franchement, je ne m'en rappelle pas du tout... Mais bon, ce n'est pas grave. Je suis fière d'être assise en classe à la même place que Laurence TNAHPELE et fière de Mademoiselle Sophie, ma maîtresse. Elle est douce, gentille, belle... Je comprends mieux pourquoi Laurence a pu développer « son art » pour les éléphants. Mademoiselle Sophie a toujours le chic pour nous trouver de superbes devoirs de français... Elle est trop cool et elle sent bon... Et chose que je tiens particulièrement : l'amitié pour Nico et Arnaud, les deux amis de Laurence, qui ont redoublé leur année scolaire. Ils sont contents de retrouver en moi, ce que leur amie leur apportait au quotidien... Arnaud et son désir d'être garde républicain... Nico, classé maître en dormeur professionnel... Ils m'ont pris sous leur aile et je suis un peu la deuxième sœur qu'ils auraient aimée avoir... Moi, je vous le jure... Je les aime et je comprends pourquoi, il a été dur pour Laurence de les quitter pour rejoindre le Kenya et ses éléphants... Et puis, il y a la Cécile... Elle est passée en classe supérieure mais elle n'a pas changé... Je vous le dis... C'est une vraie teigne !! Je vous jure qu'on poursuit le combat de Laurence... Et comme mes crocodiles ont tout le temps les crocs, autant dire que je rêve toutes les nuits qu'ils la dévorent de la tête au pied !! Elle fait sa crâneuse, trop contente de savoir Laurence loin d'elle... Mais, je peux vous assurer que je ne suis pas du genre à me laisser faire... Avec Nico et Arnaud, on lui en fait voir de toutes les couleurs... Un véritable arc-en-ciel... On a réussi par exemple à lui couper ses lacets de tennis avant que la cloche sonne le début des cours... On lui a taillé tous ses crayons de couleur, lors d'une récréation, sans que personne ne s'aperçoive de notre intrusion dans sa classe... Les pauvres crayons ne ressemblaient plus qu'à des confettis tout émiettés... La crise de rire... Mademoiselle Sophie se méfie un peu de nous, car bien que nous soyons discrets, les adultes pensent, nous observent en silence et doutent de notre culpabilité. Faut dire que la Cécile, elle est maître dans le mensonge et l'exagération... Toujours en train de se plaindre, de fayoter... Enfin, voilà, mon petit univers. Mais ce qui m'anime le plus, ce sont mes crocodiles… Et lorsque Mademoiselle Sophie me donne une chance de pouvoir parler de mes animaux préférés, autant dire que mes yeux pétillent de plaisir, mes doigts fourmillent à l'idée de raconter une nouvelle histoire sur eux… Je vous laisse découvrir mon devoir, et qui le sait, j'aurais peut-être la surprise de découvrir votre commentaire sur le blog de lalucioledesophie.hautetfort.com…

Croc'Odile

Sabrina ELIDOCORC   Vendredi 13 octobre 3022
CM69

DEVOIR DE FRANÇAIS

<u>Sujet</u> : Vous raconterez une histoire originale avec vos propres illustrations qui développe votre monde imaginaire. Votre personnage principal peut être une personne ou un animal… Vous devrez trouver un titre à votre histoire.

Note obtenue :   20 /20

<u>Commentaires</u> : Ton histoire est très originale, pleine de vie… Comme toi ! Tes dessins sont très beaux. Tes textes pleins d'humour. Je ne m'attendais pas à une fin aussi drôle.

CROC'ODILE

Croc est un crocodile pas tout à fait comme les autres. Bon d'accord, comme ses congénères, il fait partie de ces espèces dont on se méfie… Dans les grandes encyclopédies, on dit des crocodiles qu'ils sont dangereux, agressifs, impressionnants par leur dentition vertigineuse et leur corps musclé… Baliverne ! Croc, lui n'était pas comme cela… Non, il était plutôt doux, sensible, charmeur. Un crocodile joueur et affectueux… Une bête docile que l'on aimerait tous avoir chez soi, en animal de compagnie… Tout le monde se moquait de lui, car à vrai dire, il était considéré comme le vilain petit canari… Exclu, il se retrouvait souvent seul, dans son coin, ne participant pas aux jeux aquatiques, ni à la chasse collective. Ses parents ne savaient plus quoi faire de lui… Être un crocodile et ne pas avoir les crocs, autant dire que cela était… Impossible ! Et autant dire que son prénom « Croc » ne collait pas du tout avec sa manière d'être et de faire. Pas facile dans ces marécages de trouver sa place… Difficile de se faire accepter et surtout d'entendre toutes les moqueries possibles…

- « Croc, tu n'es qu'un pauvre petit canari ! Tout juste bon à mettre sous nos dents… »

- « Croc, croque-monsieur, tout juste un bout de jambon blanc à glisser sous deux tranches de pain de mie ! »

- « Croc, croc, croc, ça sonne creux dans ton estomac !! »

Ce n'était pas drôle d'entendre à longueur de journée, tous les autres se moquer de lui, l'humilier au point de se retrouver exclu, isolé, abandonné quelque part par ses amis, ses frères de sang… Des éclats de rire qu'il laissait entendre quand il était bébé, il ne restait plus que des pleurs amers, des larmes de croco qui coulaient le long de ses joues…

Croc'Odile

Un jour, alors que Croc n'arrivait plus à verser la moindre larme, il décida de se poser, non loin d'un banc de sable où les roseaux dansaient au gré du vent… Il se laissa aller, bercé par le chant mélodieux des cimes des arbres. Il ferma les yeux et ouvrit son cœur…

« Non, je ne suis pas un vilain petit canard,

Non, je ne suis pas faible et flemmard…

Non, je ne suis pas celui que l'on prétend…

A moi de m'affirmer et de montrer ce que je ressens ! »

A partir de ce moment précis, Croc décida de croire en lui… C'est comme s'il y avait eu un déclic en lui… Une force toute nouvelle venait de le réveiller d'un long et horrible cauchemar.

Des moqueries des autres, il ne pleurait plus… Alors que ses camarades et sa famille le croyaient triste, solitaire, Croc s'absentait du groupe tôt le matin pour ne revenir qu'au coucher du soleil... Où était-il ? Que faisait-il ? Il marchait de longues heures dans des endroits sauvages, dans des coins sombres et profonds, pour vaincre sa peur, accroître son courage et sa force...

Il observait, en silence, tout ce qui l'entourait : les oiseaux, les papillons, les poissons... Les nuages tout moelleux, le soleil luisant... Les herbes, les arbres... Il regardait, respirait les odeurs, s'imprégnait de chaque endroit rencontré... Croc apprenait seul...

Il n'avait qu'une idée en tête : avoir toutes les qualités requises pour être un redoutable chasseur, même si dans son cœur, il savait bien qu'il ne ferait pas de mal à une mouche !

Malgré tous ses efforts, Croc ne parvenait pas à faire taire ses compagnons de jeu... Pas facile dans ces marécages de trouver sa place... Difficile de se faire accepter et

Croc'Odile

surtout d'entendre toutes leurs nouvelles moqueries…

- « Croc, tu n'es qu'un pauvre petit canari ! Tout juste si on ne t'entend pas faire « cuicui » lorsque tu as quelque chose sous ta dent à croquer »
- « Croc, croque-monsieur, tout juste un croque à cuire ! »
- « Crac, cric, croc, tu ne seras jamais un vrai crocodile !! »

Croc ne répondait pas. Croc ne pleurait plus… Il était sûr de ce qu'il avait appris, de ce qu'il était devenu. Ses parents ne disaient rien, ne voulant pas le rendre plus malheureux qu'il ne l'était déjà…

Alors, puisque Croc n'était pas aux yeux de ses compagnons, un crocodile normal comme les autres, il décida un jour, de quitter les marécages de son enfance et de partir, afin d'être le crocodile le plus fort, le plus reconnu du monde entier…

Personne autour de lui ne le croyait capable de partir et d'affronter le monde extérieur… Un crocodile qui n'a pas les crocs… autant dire que c'était perdu d'avance… Mais Croc était décidé ! Il avait réfléchi, médité de nombreuses heures… Il s'était posé mille et une questions et la seule réponse qu'il trouva, fut celle de partir ! Il était convaincu que, de ce voyage, il en serait transformé, rempli d'une grande richesse aux yeux de tous…

Croc voulait devenir un crocodile. Le seul souvenir qu'il garda de ses parents, lors de son départ, fut cette phrase magique qu'ils lui crièrent à tue-tête :

« Crocodile tu veux, crocodile tu seras ! »

C'est ainsi que, durant des heures, des jours, des semaines, des mois, Croc parcourut des kilomètres, nageant dans

Croc'Odile

des eaux troubles, tantôt froides, tantôt chaudes… Se laissant, selon son état de fatigue, guider par les courants de ses longs couloirs d'eau…

De ses découvertes, Croc se transformait de jour en jour. Il voyait des espèces jusque-là inconnues à ses yeux. Ils étaient tous différents et pourtant il y avait tant de ressemblance dans leur vie : de leur différence, ils avaient connu l'exclusion de leurs proches :

- Un arbuste robuste sans feuille parce qu'aucune pousse ne voulait éclore sur ses longs bras déployés,
- un pélican solitaire, trop bavard, allergique aux poissons qu'il mangeait,
- des poissons de toutes variétés qui ne savaient que nager la brasse coulée,
- une étoile de mer qui avait refusé d'être le shérif de son quartier,

- une mouche qui éternuait à chaque « bizzzzzzzzzzzzzzzzz ».

Que de bizarreries me diriez-vous ? Croc comprit, à travers le récit de chacun, que la différence n'était pas la cause du rejet des autres... Le rejet des autres venait de leur ignorance, de leur intolérance... Tout le monde a droit d'être différent...

Croc savait qu'il ne pouvait pas changer le monde, mais qu'à travers son voyage, il pourrait être un crocodile différent, celui qui serait amené à être reconnu de tous, celui que l'on retrouverait un jour, partout, et pas que dans les encyclopédies du monde entier !!

De ces rencontres et découvertes, Croc prit de plus en plus confiance en lui et continua tranquillement son voyage jusqu'à...

Croc'Odile

Jusqu'à sa rencontre avec un petit être doux et fragile… Un petit canari !!! Un petit canari, tout beau, tout jaune, tout craquant… Un véritable coup de foudre !!! Croc était convaincu que son jour était arrivé… La rencontre entre un canari et Croc était improbable !

Et pourtant, bien que l'heure n'était pas venue, Croc pensait que cette petite bête ferait bien son quatre-heures !! Humm… Croc, pour la première fois, sentait ses mâchoires se durcirent… Comme dirait l'autre : Il avait les crocs !!

Alors, doucement, timidement, Croc s'approcha du petit canari :

- « Bonjour petit canari, je m'appelle Croc et toi, comment t'appelles-tu ?
- Bonjour Croc, je m'appelle Odile…
- Odile, quel drôle de prénom pour un canari !

- Pas plus que toi... Au moins, tes parents n'ont pas eu de mal à te trouver un prénom... Croc pour tes dents affûtées et ton appétit de glouton...

- Très drôle !! Ok, ok, je m'excuse Odile... Ce n'est pas bien de se moquer comme cela... Pardonne-moi... Tu sais, tu n'es pas mal aussi avec ton bec tout pointu, ton doux plumage...

- Serais-tu entrain de me draguer ?

- Euh... Non, non... Simplement, je te trouve jolie à croquer... enfin, je voulais dire... jolie comme amie... »

Croc l'avait échappé belle... Même s'il avait les crocs pour Odile, il savait qu'il devait être patient pour arriver à ses fins, à sa faim... C'est ainsi qu'en poursuivant leur conversation, Croc et Odile s'arrêtèrent devant un stand de magie, non loin d'une attraction foraine... Un homme criait dans un porte-voix :

- « Venez vite au stand de magie pour y exaucer le vœu de votre vie !! »

Pour Croc, l'instant était unique. Il savait que c'était LE moment pour réaliser son vœu : celui d'être reconnu comme étant le crocodile, mangeur de canari ! Ce moment ne pouvait être que magique, merveilleux, fantastique…

Pour Odile, l'instant était unique. Elle savait que c'était LE moment pour réaliser son vœu… Mais lequel finalement ?? Qu'importe, elle savait qu'elle aurait quelques minutes pour y réfléchir… Ce moment ne pouvait être que magique, merveilleux, fantastique…

Croc et Odile, plutôt amusés à l'idée de tester ce stand, entrèrent dans une salle obscure. C'était comme jouer à « ciseaux/papier »… Le plus rapide, le plus réfléchi des deux aurait son vœu réalisé… Forcément, pour Odile, il était plutôt facile de comprendre qu'elle finirait en casse-croûte, sous les dents de Croc… Et Croc était persuadé de réaliser son vœu, étant convaincu qu'un canari ne pouvait avoir de vœu à réaliser...

Autour d'eux, quelques grenouilles, escargots amusés de la scène, regardaient Croc et Odile se préparer... Termites et fourmis se chamaillaient de savoir lequel des deux réaliserait le vœu de sa vie... Shut !! Silence... Cinq, quatre, trois, deux, un...

Un épais nuage de fumée se dégagea de la pièce... Les quelques animaux qui assistèrent à la scène sortirent du stand, en toussant... Tous les yeux se braquèrent devant l'entrée du stand et tous se mirent à crier à tue-tête...

- « Croc et Odile !! Croc'Odile !! Crocodile !!! Cro... »

Et l'impensable arriva...

Eh oui !!! Qui aurait pensé un seul instant que Croc, tout confiant et bavard qu'il était, serait resté maître de la partie, en dévorant Odile…

Eh oui !!! Qui aurait pensé un seul instant qu'Odile, toute frêle et silencieuse qu'elle était, serait devenue un petit festin pour Crocodile…

Ce n'est pas parce que l'on est silencieux, petit, que nos rêves restent irréalisables… Ce n'est pas parce que l'on est faible, fragile que nos désirs et nos envies restent éteints… Et bien, Odile était comblée… De sa rencontre avec Croc, elle était devenue une belle poulette, avec de belles chaussures, un magnifique sac à main et un chapeau extraordinaire….

Cette histoire fit le tour du monde. Même au plus profond des marécages, elle fut racontée à tous les crocodiles, qui affirmèrent que, de tous les temps, Croc resterait le plus courageux des crocodiles… Et puisque le mot de la

Croc'Odile

fin revient à Odile, voici ce qu'elle vous demande de garder en mémoire :

- « Petits ou grands, peureux ou courageux, forts ou faibles… Qu'importe… Il faut toujours avancer, persévérer… pour voir un jour tous vos rêves se réaliser… Qu'importe les erreurs, les angoisses, les doutes… L'important, c'est d'avoir les crocs… Les rencontres forment les plus belles richesses… Foi de Croc et Odile !! »

Parus chez le même éditeur :
« Le bonheur, ce n'est pas que du chocolat !" (« Célibataire, mais je me soigne ! » recueil collectif de nouvelles chick-lit),
« Un monde éléphantesque » (histoires imaginaires illustrées à partir de 3 ans),
« Ma vie est éléphantesque » (histoire pédagogique illustrée pour les plus de 9 ans),
« Rien qu'une bonne crise de foie pour reprendre du chocolat ! » (« Célibataire... encore mais j'assume ! » recueil collectif de nouvelles chick-lit)

Écrit publié chez Sofydan Editions :
« Dernier entretien avec le soldat inconnu »

www.ingramcontent.com/pod-product-compliance
Lightning Source LLC
Chambersburg PA
CBHW020024050426
42450CB00005B/641